Reinaldo Domingos

MEU PET CABE NO MEU BOLSO

© EDITORA DSOP, 2023
© REINALDO DOMINGOS, 2023
© ORLANDO PEDROSO, 2023

Presidente
Reinaldo Domingos

Redatora
Renata de Sá

Coordenadora editorial
Laila Mascarenhas

Editora de texto
Mariana Cardoso

Editora de arte
Marisa Corazza

Ilustrações, projeto gráfico e diagramação
Orlando Pedroso/Estúdio Bala

Revisão de conteúdo
Magali Ferrarese Tognoni

Revisão de texto
Heloisa Hernandez

Todos os direitos desta edição são reservados à

Rua Alba, 88 - Vl. Parque Jabaquara
São Paulo - SP - CEP: 04346-000 -
Tel.: 11 3177.7800
www.editoradsop.com.br

Dados Internacionais de Catalogação na Publicação (CIP)
(Câmara Brasileira do Livro, SP, Brasil)

Domingos, Reinaldo
  Meu pet cabe no meu bolso / Reinaldo Domingos ;
ilustração Orlando Pedroso. -- São Paulo, SP : Editora DSOP, 2023.

  ISBN 978-85-8276-543-2

  1. Educação financeira 2. Literatura
infantojuvenil I. Pedroso, Orlando. II. Título.

23-153484   CDD-028.5

Índices para catálogo sistemático:
  1. Educação financeira : Literatura infantil   028.5
    2. Educação financeira : Literatura infantojuvenil
    028.5
  Tábata Alves da Silva - Bibliotecária - CRB-8/9253

Este livro pertence à:

_____

O(s) nome(s) do(s) meu(s) pet(s) é(são):

_____

_____

Meu(s) pet(s) é(são) incrível(veis) porque:

_____

_____

Meu(s) pet(s) é(são) terrível(veis) porque:

_____

_____

Capítulo 1

O único dia do ano em que eu não poderia me atrasar... mas me atrasei

10 de dezembro, o "dia D"

Acordei com minha irmã, Lelê, batendo à porta do meu quarto e dizendo que já estava na hora de me levantar. Olhei de um lado para o outro e encontrei o celular descarregado no chão, perto da cama.

– De novo, Tiago?!

Tateando, ainda deitado, agarrei o cabo do carregador e pluguei o aparelho. Quando o primeiro sinal de bateria surgiu na tela, meus olhos não podiam acreditar.

– 7h45.

Vesti o uniforme correndo, passei um gel no cabelo, corri até a cozinha e peguei uma fatia de torrada do prato do Nico.

– Ei, Titi... isso é meu... não é só porque você ainda não está de férias, que pode ir pegando o café dos outros!

Voltei ao quarto para pegar a mochila, o celular com o mínimo de bateria e o carregador, e fui de *bike* até a escola. No caminho, fiquei relembrando o passo a passo do que eu tinha estudado horas antes. Era o dia mais importante na escola, o único do ano em que eu não poderia me atrasar... mas me atrasei.

Assim que consegui um espacinho no bicicletário, prendi a Cleta (sim, minha bicicleta é irada e tem apelido), segui direto até a sala de aula e arrisquei a entrada pela porta dos fundos. A dupla inseparável, as gêmeas Alice e Aline, estava lá na frente, perto da lousa, fazendo a apresentação delas.

Elas tinham inventado tijolos de garrafas PET – disseram que a sigla significa "polietileno tereftalato" –, bastante fortes e resistentes, para a montagem de casas temporárias para pessoas em situação de rua.

É claro que o projeto delas seria algo bem incrível. As duas sempre vencem as competições de xadrez e de matemática na escola, além de arrebentarem nas Feiras de Ciências. No ano passado, o vulcão delas teve o maior tempo de exposição de lavas.

Bem, mas isso não vem ao caso agora. Achei que estaria livre da bronca pelo atraso, mas, ao puxar a porta, uma das maçanetas, a do lado de fora, caiu, e a sala inteira olhou para trás. Primeiro, um silêncio total. Em seguida, gargalhadas estridentes dos meus colegas.

– Chega, turma! Acho que o Titi já tumultuou demais, não é mesmo? Por que não se senta e, como chegou atrasado, que tal ser o último na fila das apresentações?

Acenei com a cabeça ao professor Carlos e me sentei. Pouco a pouco, meus colegas foram lá para a frente e apresentaram seus projetos. Alguns mais ousados, outros meio óbvios, mas todos bem interessantes.

Esse projeto, que levou o ano inteiro, podia ser feito em duplas ou trios, mas eu não queria assim.

O meu era especial demais e eu precisava realizá-lo sozinho.

Enquanto tentava me concentrar e ouvir a apresentação do Rodrigo, meu melhor amigo, sobre a criação, na pracinha em frente ao colégio, de uma pista de *skate* inclusiva com obstáculos possíveis de serem superados pelas mais variadas pessoas, eu repassava na cabeça cada fase do meu projeto: os principais desafios que enfrentei, os erros que cometi e também tudo que conquistei. Quando me dei conta, já estava envolvido demais em meus pensamentos e nem percebi quando, finalmente, chegou a minha vez.

– Titi... preparado?

– Com certeza, prô Carlos" – respondi, enquanto avançava para a frente da sala.

– É professor Carlos. Bom, turma, como vocês sabem hoje é um dia bastante especial para mim e para a escola, porque estamos vendo, nas apresentações, que vocês se envolveram de verdade em cada projeto. Queríamos ressaltar o quanto os estudantes podiam elaborar, e executar também, uma ideia que levasse o ano inteiro para acontecer.

E continuou:

– O principal objetivo da escola era mostrar que vocês são capazes de planejar algo, estabelecer etapas, reconhecer decisões equivocadas, acertar o rumo e realizar o que desejam, ou seja, que podem criar um Projeto de Vida.

– Esse projeto poderia ser uma realização pessoal ou, ainda, beneficiar mais pessoas – seus colegas de classe, da escola, da vizinhança ou até mesmo da cidade inteira. Mais do que mostrarmos que seriam capazes de executá-lo, queríamos que vocês sentissem que fizeram algo para mudar a vida de alguém.

Empolgado com as palavras do professor, Rodrigo, sempre muito desinibido, começou a bater palmas e logo a turma toda fez o mesmo. Quando todos se acalmaram, recebi o sinal verde do professor para iniciar.

Mal podia acreditar que aquele dia, finalmente, tinha chegado. Com a mochila posicionada em uma cadeira ao meu lado, coloquei a mão dentro dela e disse:

– Este é o meu projeto: apresento a vocês o Churros, o cachorro caramelo que eu adotei – enquanto retirava da bolsa aquela bolinha de pelo.

A classe foi à loucura. Meus colegas riam e aplaudiam ao mesmo tempo. Alguns batucavam as mesas. E, quase em uníssono, gritavam:

– Vem cá, Churros; vem cá, Churros!

Aproveitei o embalo da galera, levantei mais alto ainda o Churros e, cada vez que eu o levantava, mais todos gritavam.

Até que, devido ao excesso de barulho, a dona Carmen, diretora da escola, entrou na sala e disse:

– Tiago Reis, mas que bagunça é essa?

Bom, o fim dessa história fica para mais tarde, porque antes eu preciso contar como é que o meu projeto escolar virou a adoção de um cachorro.

Capítulo 2
Não se falava mais sobre outra coisa: o tal projeto

7 e 8 de fevereiro

O retorno às aulas, após as férias escolares, era demais! Apesar de falar sempre com o meu amigão Rodrigo, não podíamos nos ver todos os dias, como acontecia na escola. Rever todos da sala, descobrir quem eram os novos colegas, os nossos professores... tudo parecia incrivelmente desafiador.

Mas, desta vez, não foram essas coisas que marcaram o início do ano. Assim que encontramos nossa nova sala de aula, vimos que o professor Carlos já nos aguardava, sentado. Atrás dele, escrita na lousa, apenas uma palavra: PROJETO.

O burburinho na classe era tremendo, e meus colegas e eu tentávamos descobrir qual seria "o tal projeto". Quando todos se sentaram, o professor disse que a escola tinha uma proposta diferente para a nossa sala naquele ano, que desafiasse cada um de nós a pensar e a executar algo que mudasse a vida de alguém – que podia ser até a nossa própria vida.

– Mudar em que sentido? – uma de minhas colegas perguntou.

– Em qualquer sentido... – respondeu o professor. E continuou:

– Queremos que vocês pensem em algo que possa ser elaborado e executado durante o ano inteiro. O tema é livre.

Após passar mais algumas explicações, formamos grupos para começar a discussão.

Eram tantas ideias na roda, mas nenhuma delas parecia realmente desafiadora para mim. Por fim, voltei para casa sem me comprometer com ninguém do grupo. Nem mesmo com as loucuras mirabolantes de Rodrigo.

Sozinho no meu quarto, já tinha começado e parado de escrever sobre vários assuntos. Mas nada era bom de verdade. Cansado demais, peguei meu celular e fiquei zapeando nas redes sociais. Nem isso parecia me distrair verdadeiramente. Até que um alerta de um aplicativo me mostrou uma lembrança daquele mesmo dia, só que de cinco anos atrás: era uma fotografia minha brincando com Bira, o nosso cachorro.

– É isso! É isso! – eu pulava em cima da cama e repetia sem parar.

– É isso o que, mocinho? – questionava minha mãe, parada na porta do meu quarto.

– Nada, mãe! Nada! É algo para a escola. – respondi de imediato, enquanto obedecia ao pedido para parar de pular na cama.

Ainda não estava na hora de compartilhar meu projeto com minha família.

Eu precisava pensar em cada uma das etapas. Antes de dormir, porém, peguei a ficha de inscrição dada pelo professor Carlos e anotei em letras enormes: CACHORRO. Estava decidido: o meu projeto-sonho seria adotar um pet.

Desde a separação dos nossos pais, o Bira, nossa bolinha de pelo, foi morar com o meu pai, Paulo. Meus irmãos, Lelê e Nico, e eu moramos com a nossa mãe, Maria. Víamos o papai toda semana, na tradicional noite de sexta-feira, quando comíamos pizza com ele. Mas só dormíamos no apartamento dele de 15 em 15 dias. E, se um ano tem 52 semanas, quer dizer que eu via o Bira apenas (deixa eu pensar...) umas 26 vezes por ano. Era muito pouco.

Assim que eu cheguei à escola no dia seguinte, fui direto encontrar o Carlos na sala dos professores. Apresentei a ele minha proposta e disse que precisava realizar esse projeto sozinho.

– Um cachorro, Tiago?

Expliquei que eu iria fazer um mapeamento dos abrigos para animais em Guatinga. E uma verificação se essas instituições estavam mesmo os protegendo ou apenas se beneficiando deles. Depois, iria seguir um passo a passo para fazer uma adoção responsável, ou seja, eu pouparia dinheiro para levá-lo ao veterinário, para as vacinas e para os itens de alimentação e de higiene. E, é claro, documentaria todo o processo para ajudar a divulgar os abrigos (caso outras pessoas quisessem salvar mais um pet).

– E o que mais? – o professor me perguntou.

– Mais umas coisinhas... – respondi, timidamente.

De fato, eu não sabia o plano inteiro, mas eu sabia que daria conta dele.

– Professor, eu vou mudar a vida desse cachorro!

– Tá certo, Titi! Eu autorizo o seu projeto individual.

Antes que eu pudesse correr para o pátio da escola e contar a novidade para o Rodrigo, o professor me perguntou:

– Ei, garoto, tem certeza de que não será esse cachorro que vai mudar a sua vida?

O passo seguinte foi pesquisar muito para descobrir as ONGs (Organizações Não Governamentais) cadastradas que resgatavam animais domésticos, cuidavam deles e realizavam adoções sustentáveis. Pedi que minha mãe me ajudasse com as ligações para esses locais e combinamos que visitaríamos cada um.

PROJETO: CACHORRO

ABRIGOS PARA ANIMAIS EM GUATINGA: 3

ABRIGO 1: 12 CACHORROS, 7 GATOS, 2 COELHOS

ABRIGO 2: 5 CACHORROS, 31 GATOS, 1 PORCO, 2 TARTARUGAS

ABRIGO 3: 9 CACHORROS, 9 GATOS

Capítulo 3
Meu pet cabe no meu bolso?

19 de fevereiro

Fazer o mapeamento das ONGs e conseguir agendar as visitas demorou um pouco mais do que eu havia previsto. Mamãe estava incrivelmente radiante com o meu plano. A Lelê e o Nico até se ofereceram para nos acompanhar nas visitas aos abrigos. A verdade era que todos sentiam muito a falta do Bira, e até o Nico, certo dia, me confidenciou que nunca tinha pensado em adotar outro bicho, porque, afinal, o nosso ainda estava vivo e bem, lá com o papai.

– Titi, você já calculou o gasto para manter um bicho de estimação? – Lelê me perguntou uma noite durante o jantar.

– Mas é cla-aaaa-rooo! – respondi, meio gaguejando. De novo, eu tinha alguma ideia dos principais, mas eu esperava que o pessoal da ONG pudesse me ajudar a pensar nos demais gastos.

– Veja, Lelê, eu montei uma tabela.

– Maninho, eu vi a sua tabela enorme colada na porta da geladeira. O que eu quero saber é: como você planeja pagar tudo isso?

– Ah, sim, maninha. Eu vou usar o dinheiro que eu venho poupando da minha semanada há algum tempo. E também vou, vou... Ah, já sei! Vou pedir dinheiro como presente de aniversário, Páscoa, Dia das Crianças e Natal, para manter o cachorro. Eu também vou... Não vou contar agora porque não lhe interessa.

– Você não tem um plano, Titi. A que horas planeja passear com o filhote? Você nem sabe se esse pet cabe no seu bolso – Lelê argumentou, enquanto me confrontava na mesa do jantar.

– Eu, eu... – fui direto para o meu quarto e bati a porta com força, deixando claro o meu aborrecimento. Mas, no fundo, minha irmã estava certa! Eu não sabia se meus esforços seriam suficientes.

Naquela mesma noite, Nico bateu à porta.

– Ei, maninho! – disse, enquanto se sentava na ponta da cama.

– Você sabe que a Lelê não falou por mal. Ela só quer que você tenha certeza de que está tomando a decisão correta. Você não deve se lembrar porque era muito pequeno quando o Bira chegou, mas a Lelê e eu quase não demos conta de cuidar dele.

Nico me contou que, às vezes, eles se esqueciam de passear com o Bira ou mesmo de alimentar o cachorrinho e trocar a água dele várias vezes ao dia.

– Mas a Lelê falou que ele não vai caber no meu bolso. Eu já falei, Nico, eu vou conseguir todo o dinheiro para cuidar do cachorro – disse.

Nico então me explicou que a expressão dita por Lelê não era apenas sobre os gastos financeiros. Há, ainda, uma série de outras tarefas que o tutor de um pet precisa fazer, como reservar tempo para brincar, passear e limpar a sujeira feita pelo animal.

– Um animal não é um brinquedo que você pode ligar e desligar quando quiser. É um ser vivo, que precisa de cuidado e amor constantes. Não adianta ter dinheiro sobrando para adquirir a melhor ração do mundo, mas não conseguir ficar com o bichinho, não lavar com frequência os potes dele ou nem sequer dar banho nele – Nico argumentou.

Ele tinha razão. Nico me explicou também que minha tabela estava parcialmente correta. E que, além dos itens relacionados, eu deveria pensar nos gastos extraordinários.

– Extraordinários???

– Sim, Titi, o bichinho pode ficar doente e precisar de remédios, ele pode se machucar e ser operado – ou mesmo se sujar, precisando de mais de um banho por semana. E você também se esqueceu de outros itens básicos, como tosar o animal, as vacinas e a castração.

Quando percebi, mamãe e Lelê estavam na porta do meu quarto também.

– E tem mais: você tem outras obrigações na escola e aqui em casa. Não vai poder se dedicar apenas ao cachorro. Tem de estudar... – mamãe disse, aproximando-se de mim e do Nico.

– Eu vou ter de desistir do cachorro?

– É claro que não! – falou Lelê, a última a se aproximar.

– Adotar, Titi, é um ato de amor muito generoso da sua parte... mas, se você não estiver realmente comprometido, quem vai sofrer vai ser o animalzinho.

A pedido da minha mãe, fui para a cama após aquela discussão toda com a promessa de que ela e meus irmãos pensariam em uma solução para me ajudar a realizar o meu projeto-sonho.

Capítulo 4
O antes que vem antes do depois

10 de dezembro

Voltando àquele dia da apresentação, depois que expliquei à dona Carmen meu projeto de adoção pet, as coisas se acalmaram um pouco, a turma se sentou e eu, finalmente, pude continuar.

Contei para os meus colegas como tinha sido o início frustrado, porque havia pensado apenas nos itens mais superficiais de uma adoção animal e me esquecido dos gastos extraordinários – e até mesmo de alguns itens bem importantes e urgentes, como as vacinas e a castração. Além disso, relatei a todos a ajuda incrível que minha família me deu:

– Certo dia, Lelê e Nico me chamaram na cozinha. Quando apareci, mamãe já estava lá me esperando também. Eles pararam em frente à geladeira de casa, onde eu havia colado o cartaz com os itens para a adoção, e me mostraram um pote em cima do eletrodoméstico. Minha mãe contou que tanto o meu irmão Nico quanto a minha irmã Lelê depositariam nesse pote parte da semanada deles para ajudar a cobrir os gastos iniciais com o cachorro. E disse que eu deveria fazer o mesmo.

Ela explicou também que eles pretendiam ajudar na realização do meu projeto-sonho. Foi então que minha mãe pediu que eu contasse o que já tinha descoberto sobre os gastos de se adotar um animal de estimação. Aproveitei que todos estavam engajados na causa e mostrei a eles minhas anotações. Até a Lelê ficou um pouco menos cética e percebeu que meu plano, apesar de ter alguns buracos, estava seguindo um bom caminho.

No fim da conversa, mamãe propôs que, antes de visitarmos os abrigos, fôssemos a algumas pet-shops para fazer pesquisa de mercado.

– E vocês foram, Titi? – o professor Carlos questionou.

– Calma, professor, eu já estou chegando lá.

Com a ajuda do Nico, desenhei um mapa das lojas de produtos de animais da nossa vizinhança. E, sempre que podíamos, após a saída da escola, minha mãe, meus irmãos e eu íamos a uma dessas lojas. A primeira grande surpresa foi perceber o quanto o mercado pet havia crescido. Existiam produtos específicos para cada necessidade dos animais – para os que estavam obesos, os diabéticos, os velhinhos e para os filhotes.

– Conte para a turma, Titi, o que mais você descobriu – Rodrigo disse, rindo muito lá no fundo da sala.

Com meu olhar fulminante, tentei, em vão, silenciá-lo; acabei contando para a turma o motivo do riso bobo do meu "superamigão".

– É que tinha uns biscoitinhos para degustação; foi só depois de eu dar a primeira mordida que o vendedor da loja me disse que eram para animais, e não para humanos.

Não teve jeito! A turma caiu na gargalhada.

– Mas, em minha defesa... eles eram bem gostosos! – acrescentei, tentando a todo custo retomar a confiança e mostrar que a minha atitude não tinha sido em vão.

– E o que mais você descobriu? – as gêmeas Alice e Aline perguntaram ao mesmo tempo.

– Bem, muita coisa, na verdade – disse.

Contei para a turma sobre a possibilidade de comprar em grandes quantidades os itens que o animal mais usaria, como a ração e o tapete higiênico, e gastar menos dinheiro, conseguindo descontos.

Esse tipo de loja vende pacotes maiores, que duram meses e acabam compensando mais do que comprar todo mês determinado item. A economia seria tanta que, a cada dez pacotinhos de ração que eu comprasse de uma só vez, pagaria apenas sete deles, ou seja, três acabariam saindo de graça. Outra coisa bacana que descobri foram os dosadores de ração.

– Para não deixar o cachorro virar um balão, né, Titi?! – Rodrigo continuou, rindo lá do fundo da sala.

Ele estava certo de novo. Rodrigo sabia de tantos detalhes porque acompanhou toda a minha saga para adotar o Churros.

LEMBRETE: NÃO COMPARTILHAR TUDO COM O RODRIGO!

Certo dia, enquanto fazia minha visita a uma das lojas do bairro para verificar os valores, encontrei uma veterinária lá. Ela me viu tirando fotos dos produtos e fazendo anotações, e ficou curiosa. Quando lhe expliquei o projeto, ela achou a ideia incrível e acabou me contando que é importante levar o animalzinho a uma clínica veterinária assim que for adotado, para que o tutor conheça todos os cuidados que deve ter com o bichinho, inclusive com a alimentação, pois ela recebe muitos pacientes (sim, pessoal, animais quando vão ao veterinário são chamados de pacientes) que acabam precisando de dieta e até mesmo de exercícios, porque são alimentados de forma excessiva.

– E não é só cachorro, não. A veterinária Camila contou que até gatinhos estão acima do peso – contei para a turma.

– Além de ajudarem a controlar a quantidade correta de ração dos animais, o que mantém uma qualidade de vida melhor para eles, os dosadores previnem o desperdício de comida e, consequentemente, de dinheiro – a veterinária me explicou.

Quando estava pronto para seguir à próxima fase da apresentação, Lia estava em pé e levantando os braços de forma exaustiva e repetidamente.

– Quer fazer uma pergunta? – o professor questionou.

– Sim, quero! Ninguém mais achou suuuperestranho o Tiago trazer o cachorro na mochila para a escola?

Capítulo 5
A tradicional pizza de sexta-feira

19 de março

Lelê, Nico e eu fomos para a casa do papai. Também era o fim de semana em que dormíamos lá até domingo, já que no anterior tínhamos ficado com a mamãe. Desde o divórcio, essa era a nossa rotina, que incluía a tradicional pizza toda sexta-feira no nosso pai. Rever o Bira, nosso cachorro, era a primeira das três coisas de que eu mais gostava. A segunda era a pizza mesmo! E, por fim, ficar acordado até tarde vendo TV.

– Eu quero a maior – ordenou Nico, enquanto papai cortava as fatias.

– Só porque você quer, Nico. Esse pedaço é meu... – disparou Lelê.

Eu estava tão aborrecido com as novidades sobre meu projeto-sonho que nem quis entrar na disputa. Meu pai, notando minha apatia, tentou animar as coisas:

– Já sei, já sei, o Bira vai ganhar a primeira fatia – disse, ameaçando jogá-la.

Lelê e Nico riram muito, e até o Bira, que não estava entendendo nada, começou a pular e correr em volta da mesa. Mas nem isso foi capaz de me fazer rir.

– Não, não, mocinho, você come outra coisa – acrescentou o meu pai, que, nessa hora, levantava-se para pegar o pote de ração.

Mais tarde, quando meus irmãos já tinham ido dormir, Bira e eu fomos para o sofá. Papai veio em seguida. Ele disse que tinha conversado com a mamãe sobre a história do "tal cachorro".

– Como você está, meu filho? – me perguntou.

É que, passados mais de trinta dias desde que começamos a poupar parte da nossa semanada, já tínhamos o dinheiro para a compra inicial dos produtos necessários para nosso novo cachorro. E, por causa disso, tivemos a liberação da mamãe para visitar os abrigos de animais.

– Ah, pai, chateado, né... – respondi.

O motivo da minha chateação (para ser mais exato, da minha frustração) foi que, ao visitar um dos abrigos, encontrei um cãozinho incrível. Ele era esperto e brincalhão, e estava pronto para a adoção.

– Eu imagino, Titi, mas nem sempre as coisas acontecem como as planejamos – meu pai argumentou.

E ele estava correto. Tudo parecia perfeito. O Nico e a Lelê também adoraram o cachorro. Mas, como meu pai disse, nem sempre as coisas acontecem como desejamos.

– Moça, queremos adotar aquele cachorro! – disse, apontando para o animalzinho todo branquinho e peludo, que parecia uma nuvenzinha de algodão-doce, dentro do cercadinho.

– Certo, que maravilha! – respondeu uma das voluntárias do abrigo – E vocês já pensaram em um nome para ele?

– Picles – disse Nico.

– Não, é Teodoro – apressou-se em dizer Lelê.

– Ei, ei, é claro que não. Nem Picles e muito menos Teodoro. O cachorro vai se chamar *Ice-cream* – disse eu, por último.

Estávamos tão preocupados com o nome do bicho e brigando uns com os outros que não percebemos quando a voluntária contou sobre as condições para a adoção.

– Hum, certo, bom, teremos de verificar e voltar outro dia – respondeu minha mãe a ela, e esbravejou:

– Letícia, Domênico e Tiago!

Imediatamente paramos de discutir. Quando mamãe falava nossos nomes daquela maneira, isso significava apenas uma coisa: problema! E dos grandes!

Acontece que a ONG tinha algumas exigências para aprovar a adoção, e uma delas foi uma surpresa para nós.

– O que houve? Você explicou para ela que temos o dinheiro para a ração e os tapetes higiênicos para alguns meses, além dos brinquedos "doados" pelo Bira? – questionei.

Minha mãe estava com um olhar triste e, após alguns segundos de silêncio, respirou fundo e revelou:

– Crianças, o problema é que eles querem que os tutores dos pets tenham redes de proteção nas janelas – até mesmo para a adoção de cachorros. Desde que o Bira foi morar com o Paulo e vocês ficaram maiores, eu retirei as redes das janelas – isso, definitivamente, não estava nos nossos planos.

– Puxa, meu filho, eu sinto muito – lamentou meu pai, enquanto eu narrava em detalhes para ele o ocorrido naquele fatídico dia na ONG.

Meu pai me disse que essas coisas acontecem porque o bem-estar e a segurança do animal vêm em primeiro lugar. Contei a ele que combinamos de voltar todos os fins de semana para visitar o cachorro – torcendo pela não adoção dele – e que pensaríamos em uma solução para as redes de proteção.

– Titi, você precisa entender que alguém que atende aos pré-requisitos da ONG pode acabar adotando aquele cão e que você deve estar preparado para isso – argumentou.

– Eu sei... – respondi, com apenas um fio de voz.

– O que eu posso fazer por você, filho? – ele, por fim, me perguntou.

Agarrado ao Bira, olhei para a mesa da cozinha e acenei com a cabeça apontando para a caixa da pizza.

Meu pai, imediatamente, levantou-se, pegou a caixa em cima da mesa e voltou para o sofá. Ele a colocou sobre o seu colo, e comemos em silêncio as fatias frias que sobraram.

Capítulo 6
Se uma porta se fechar, abra-a novamente; é para isso que ela serve

10 de dezembro

Novamente, a turma ficou impossível depois que a Lia veio com aquela pergunta absurda sobre eu levar o cachorro na mochila. Todos falavam ao mesmo tempo, e o professor Carlos não conseguia conter meus colegas que andavam pela sala. Com a barulheira, o Churros pulou do meu colo e começou a correr pela sala. Quanto mais ele corria, mais a turma ria e gritava. Até que, finamente, o Rodrigo subiu na cadeira dele e berrou:

– CHEGAAAA!

Um a um, meus colegas voltaram para seus lugares. O Churros encontrou um bom esconderijo e ficou lá um tempão – mesmo após o completo silêncio da sala.

– Bom, respondendo à sua pergunta, Lia – retomei – Eu trouxe o cachor..., quer dizer, o Churros na mochila porque ele é a peça fundamental desse projeto-sonho e não faria sentido algum falar sobre a adoção de um animal sem o mostrar para vocês.

Imaginando que eu já tinha respondido à dúvida da Lia, a garota levantou novamente a mão.

– E agora, Lia, o que você quer saber? – questionou o professor Carlos.

Lia permaneceu um tempo em silêncio, talvez medindo as palavras para evitar uma nova algazarra na sala, até que finalmente disse:

– Mas esse não é o Picles, o Teodoro ou o *Ice-cream*.

Por um segundo apenas, consegui sentir que a sala inteira olhou para mim e para a Lia, tentando perceber se o que ela falou faria a confusão recomeçar.

– Explique-se, Lia – disse o professor Carlos.

– Ué, professor! O Titi contou que o Picles, ou seja lá como iriam chamar o cachorro, parecia uma nuvenzinha branca. Eu não sei vocês, mas para mim aquele cachorro comendo um pedaço de livro ali na estante está mais para caramelo do que para algodão-doce – Lia ponderou.

– Churros, vem aqui! – disse, enquanto arrancava o livro parcialmente detonado da boca dele – Isso... bonzinho! – repetia, acomodando-o em meu colo.

De fato, a Lia estava certa. Apesar de todas as visitas ao abrigo, enquanto meus irmãos e eu pensávamos em uma solução para as telas da nossa casa, não fomos rápidos o suficiente. Em uma das visitas, descobrimos que o pet havia sido adotado.

Mas, mesmo assim, percebi que, independentemente da minha escolha, precisaríamos contar com mais esse gasto extra. Mamãe deu uma ideia incrível, uma maneira para economizarmos mais dinheiro para a instalação da proteção nas janelas. E era, exatamente, a esse ponto da explicação que eu estava chegando quando a Lia me interrompeu.

– Alguém aqui já ouviu falar em juros compostos? – retomei minha fala – Ninguém arrisca um palpite?

– Os juros compostos são... – iniciou Rodrigo.

– Você, não, né?! – retruquei.

– E por que não? – questionou o professor Carlos.

– O Rodrigo sabe porque me acompanhou durante o processo de adoção do Churros. Não vale, então! – rebati.

O professor concordou. Com o consentimento dele, contei para a turma que uma maneira de reduzir gastos seria fazer o próprio dinheiro trabalhar ao meu favor.

E, para isso, não bastaria deixá-lo lá parado dentro do pote em cima da geladeira. Seria preciso emprestá-lo para uma instituição financeira, que faria o valor crescer – em outras palavras, eu ganharia (um pouco mais de) dinheiro só por investi-lo.

– Pensem comigo: se eu fizer um investimento de R$ 100,00, em apenas alguns dias esse valor poderá chegar a R$ 100,50. E, na semana seguinte, a R$ 100,75, e assim por diante. Em cerca de um mês, os juros são aplicados sobre o total na conta, e não mais sobre os R$ 100,00 iniciais. O nome disso são juros compostos – argumentei.

Contei para a turma que minha mãe consultou a carteira de investimentos do banco dela e percebeu que, para o nosso projeto-sonho, não podíamos escolher os que seguravam o dinheiro por muito tempo. Precisávamos, na verdade, de variedade, formando três caixinhas diferentes para poupar o dinheiro.

A primeira caixinha continuou sendo o pote em cima da geladeira – para a compra inicial de ração e tapetes higiênicos, além da primeira consulta veterinária. A segunda caixinha foi a poupança, que possibilitava retirar o valor a qualquer momento, mas, ainda sim, rendendo juros, e servia para vacinas, tosas (bem como para uma compra grande de comida). Já a terceira caixinha seria para futuros gastos, como para a castração do pet; optamos, então, por um CDB (Certificado de Depósito Bancário).

Nesse caso, diferentemente da poupança, é preciso deixar o valor depositado por mais tempo e não podíamos tirá-lo a qualquer hora. Só quando vencesse o prazo. O lado bom é que ele rende mais também.

Capítulo 7
Quanto vale um Churros? - Parte I

10 de maio

O tempo, como dizem, voou, porque eu estava focado demais acompanhando, com o Nico e a Lelê e a supervisão da mamãe, é claro, os juros crescendo e o nosso dinheiro rendendo cada vez mais. Além disso, 10 de maio é sempre o dia mais maneiro do ano, porque, simplesmente, é o meu aniversário!

Consegui convencer os meus pais a fazer minha festa em um dos abrigos de animais. Até o vovô Amadeu veio de Lagoa Branca para me visitar. Também fui categórico no meu convite, enviado semanas antes para os meus amigos: nada de presentes! Pedi que cada um fizesse uma doação para a ONG.

Eu queria demais adotar um cachorro, mas tenho plena consciência de que muitos desses animais nunca serão adotados. As ONGs precisam ser ajudadas, porque, se não fossem elas, esses bichos estariam sob risco de morte – com fome, com frio, sujeitos a maus-tratos. Só o fato de doar ração já faz uma diferença enorme para a semana (ou, dependendo do tamanho da embalagem, até para o mês) dos pets.

Rodrigo decidiu liderar uma vaquinha, e nove amigos nossos toparam participar dela. Cada um contribuiria com R$ 30,00 para comprar um pacote de comida de 7 kg.

Eles realizaram a compra pela internet, e a loja escolhida, aquela de confiança com o menor preço, enviou o pacotão diretamente para o abrigo de animais um dia antes da festa.

No dia seguinte, nos encontramos na ONG por volta das 13h, logo depois do almoço. A festa, na verdade, seria mais dos animais do que minha.

– Parabéns, amigão! E como você está se sentindo? – disse Rodrigo, um dos primeiros a chegar – Já sente o peso da idade?

– Opa, obrigado! Mais ou menos, porque me sinto um velhinho perto desses cachorros tão agitados! Não tenho tanto pique assim... – brinquei.

– Mas você vai precisar de muita disposição, Tiago, para lidar com seu futuro cachorro, então é melhor se preparar – rebateu Rodrigo.

– Sei disso! A festa só está começando. E digo isso em todos os sentidos – afirmei.

Naquela mesma hora, durante a conversa com o Rodrigo, avistei um cachorro que me chamou atenção. Ele era um vira-lata caramelo que, teoricamente, seria apenas um entre milhões que existem por aí. Não sei por que, mas quis vê-lo mais de perto. E, enquanto caminhava para o cantinho onde ele se encontrava, alguém gritou:

– Quem quer churros?

Uma voluntária da ONG tinha acabado de servir o doce aos meus colegas como um agradecimento por nossa dedicação, mas parecia que ela estava dizendo o nome dele. Por isso mesmo, quando eu estava prestes a acariciá-lo, assim o chamei:

– Churros!

Só passei alguns segundos com ele, já que fomos interrompidos por minha mãe, avisando que mais gente tinha acabado de chegar ao abrigo e queria me ver. A partir daquele encontro, eu só pensava no meu mais novo companheiro.

Sim, algo dentro de mim já me dizia que o Churros seria meu, porém, sabia também que ainda não tinha dinheiro suficiente para adotá-lo, o que me deixou chateado.

– Por que você está com essa cara, filho? – quis saber minha mãe – Não está gostando da festa?

– Estou adorando; só fico com dó dos cachorros – respondi, sendo parcialmente sincero.

Quando me juntei a meus amigos, consegui me distrair um pouco.

Bolei uma estratégia para ficarmos em um lugar onde eu pudesse ver o Churros, que estava quietinho, na dele, apesar de todo aquele barulho e de toda aquela gente. Convenci o pessoal de que aquele canto do abrigo era o melhor, já que por ali passaria mais uma rodada de sobremesa oferecida por voluntários e seríamos os primeiros a pegá-la. Era verdade, mas não se tratava de minha maior intenção.

– Estão chegando os brigadeiros! – anunciou nossa amiga Clara.

– Quero um! – animou-se Rodrigo.

Fomos lá e pegamos os doces. Só que não sei se foi uma boa ideia. Alguns cachorros queriam comer brigadeiros também e começaram a latir sem parar, mas a ordem da direção do abrigo era não os compartilharmos com eles. Naquela posição, estávamos separados dos pets apenas por uma grade; precisamos sair de lá, então, para que eles não pudessem mais sentir o cheiro da comida. Foi quando eu perdi o contato visual com o Churros.

Notando meu leve desespero, vovô Amadeu me fez um sinal, e logo entendi que ele queria conversar comigo. Era típico dele querer me dar um apoio quando percebia alguma aflição minha. Pedi, então, licença à turma e fui em direção a ele.

Capítulo 8
Quanto vale um Churros? - Parte II

10 de maio

– Que cara é essa, meu neto? – vovô me questionou.

Contei ao meu avô que, apesar de os juros compostos ajudarem, ainda não tínhamos o valor total para a instalação da rede de proteção exigida pela ONG.

– Sim, seu pai me contou da empreitada sua e de seus irmãos. Saiba que tenho muito orgulho de vocês. Não está feliz por ajudar os animais do abrigo, enquanto espera mais um pouco? – perguntou o vô.

– Estou, sim, mas acho que encontrei o "cachorro da minha vida" um pouco mais cedo, aqui mesmo, e já até escolhi um nome para ele: Churros. Será que a história vai se repetir e, mais uma vez, a adoção não vai dar certo? – desabafei.

E por que vocês não usam o dinheiro para futuros gastos (da terceira caixinha) para instalar as telas de proteção nas janelas? – perguntou vô Amadeu.

Expliquei a ele que, ao emprestar o dinheiro para o banco e optando pelo CDB, havia um prazo para o valor permanecer lá.

– Entendi, meu neto. Mas isso vale apenas para a terceira caixinha, correto? Vocês não podem retirar da segunda?

– Até poderíamos, mas, além de a quantia ser insuficiente, planejamos usá-la para outros itens – respondi.

– Se eu lhe desse a mesma quantia que você tem na poupança, isso já seria o bastante para vocês mandarem colocar as telas? – propôs.

O que meu avô estava propondo, na verdade, era um aporte financeiro.

Fiquei até sem reação. Mas não hesitei:

– Sim, vô! Com certeza daria e até sobraria. Mas como eu poderia lhe retribuir?

– Já sei, meu neto: quando vocês forem me visitar, precisarão levar o Churros para me ver. Isso já me basta – disse, abrindo um sorriso.

Quando mamãe se aproximou de nós, contei imediatamente o presentão que o vovô Amadeu tinha acabado de me dar. Ali mesmo, ela enviou uma mensagem pelo celular para o vendedor da tela, que nos garantiu que no dia seguinte iria instalá-la. Fui correndo chamar o Nico e a Lelê para contar a novidade. Sem contermos a nossa felicidade, nós três abraçamos o vovô Amadeu.

– É muita gentileza, Amadeu – disse mamãe ao meu avô, percebendo que o meu projeto-sonho estava prestes a ser realizado.

Depois de agradecer mais uma vez ao vô Amadeu e abraçá-lo, voltei a ficar com o pessoal, mas eu já não era o mesmo que tinha saído daquela rodinha: eu era o futuro melhor amigo do Churros.

Agora era só esperarmos a festa (e que festa!) acabar para, com calma, conversarmos com a equipe da ONG e marcarmos um horário para buscarmos o Churros. As horas seguintes passaram rapidamente e, assim que o último colega se despediu, estávamos todos em pé, parados em frente ao cercadinho do Churros, admirando-o e sonhando com todas as estrepolias que faríamos com o nosso novo pet.

– Moça, vou querer aquele cachorro – afirmei, apontando para o Churros.

– Aquele? O caramelo? – uma das voluntárias da ONG me questionou.

– Isso, o Churros – respondi já bastante íntimo do meu novo pet.

– Ele é uma graça mesmo. Você pode esperar só um pouquinho? – perguntou-me e saiu em disparada para dentro do escritório da ONG.

Ao retornar, ela estava acompanhada por outra voluntária. Ambas pareciam sérias demais para quem tinha acabado de saber que mais um animal seria adotado. Elas chamaram meus pais e o vovô Amadeu para mais perto de nós e, por fim, falaram:

– Você não gostaria de olhar algumas outras opções?

– Opções?!?!? – perguntei, incrédulo.

Minha mãe, tentando entender a situação, tomou a palavra.

– O que foi? Qual o problema?

Carolina, uma das voluntárias da ONG, contou-nos que muitos dos animais resgatados tinham sido abandonados nas ruas, onde sofreram pela falta de comida e de cuidados básicos.

E que o cãozinho caramelo, de que eu tanto gostei, havia sofrido mais do que os outros. Ela explicou que o Churros não recebeu o atendimento necessário quando nasceu, que deve ter sido maltratado por pessoas mal-intencionadas e que, por causa disso, ele tinha uma condição de saúde mais frágil.

Ela contou que o Churros tinha uma disfunção séria de locomoção e que ele dependeria de fisioterapia para o resto da vida dele.

– Não tem problema, damos um jeito! – retruquei.

– Espera um minutinho, mocinho! – minha mãe falou.

O que mamãe pediu para as voluntárias explicarem era como poderíamos cuidar do pet da melhor maneira e ajudá-lo a se curar. De maneira gentil, porém, bastante sincera, Carolina nos disse que o Churros não iria sarar. O que poderia acontecer, na verdade, era uma melhora na marcha dele e na qualidade de vida, mas que ele nunca ficaria 100% curado.

– Não importa. Quero ficar com ele – eu disse, bastante irritado.

Capítulo 9
Momentos difíceis pedem soluções criativas

10 de dezembro

– E o que aconteceu, Titi? Vocês adotaram aquele cachorro ou pegaram outro e deram o nome de Churros? – perguntou Lia, lá do fundo da sala.

– O quê??? Você acha mesmo que o Tiago teria coragem de escolher outro cachorro? É óbvio que esse é o cachorro caramelo da pata estranha – rebateu Alice.

A turma iniciou uma nova discussão. De um lado, ficaram as pessoas que acreditavam que eu, mantendo minha palavra, havia adotado o cachorro da minha festa de aniversário. De outro, um grupo bem mais forte e bastante barulhento – liderado pela Lia – acreditava que eu tinha trocado de cachorro, mas mantido o nome.

– Ei, ei, turmaaaa... – tomou a palavra o professor Carlos – Vamos deixar o Tiago responder.

Olhando para os meus amigos de sala e segurando o Churros no colo, abri um sorrisão e contei para eles que aquele era o cachorro da festa. Alice foi a primeira a se levantar e aplaudir minha atitude:

– Eu sabia que você não se dobraria por um detalhe; você tem meu respeito – completou.

Meus outros colegas também me aplaudiram. Até mesmo a Lia, que achava que eu teria coragem de abandonar o Churros no abrigo, veio até mim e me cumprimentou com um aperto de mãos.

A animada Alice ficou supercuriosa sobre como seria possível o Churros fazer fisioterapia.

– Tiago, ainda não entendi como vocês conseguiram dinheiro para o tratamento. Vocês não previam esse gasto extra mensal, estou certa? – questionou ela.

– Certíssima, Alice. Ao fim da festa, logo que voltamos para casa, fizemos uma reunião em família para discutir como pagaríamos a fisioterapia dele. Realmente, nenhum de nós poderia imaginar tal situação. E pedir ajuda ao vovô Amadeu estava fora de cogitação – ele já tinha feito até mais do que esperávamos – respondi.

Foi quando o Churros, que estava bonzinho e quietinho, de repente se agitou diante dos meus colegas e claramente ficou irrequieto, latindo e se sacudindo. Rodrigo logo sugeriu:

– Será que não seria melhor vocês irem para o pátio? Estou achando que ele quer fazer xixi.

– Boa ideia, Rodrigo. Pessoal, voltarei daqui a pouco para lhes contar o resto da história – disse.

Lá fora, enquanto o Churros fazia xixi em uma área gramada, lembrei-me de todos os obstáculos que enfrentei para tornar possível a chegada dele. A cada vez que tudo parecia certo, algo inesperado surgia. Em alguns momentos, até parecia que não era para eu adotar um cachorro... Por outro lado, coisas boas também apareciam "do nada" – mas não adianta chover moedas de ouro se você não está do lado de fora para apanhá-las.

Quando retornei à sala de aula, a turma estava em polvorosa. Pelo menos dez colegas rodeavam a Lia, que tinha ficado interessada em adotar um gato e fazia uma pesquisa ali mesmo, pelo telefone celular, com o auxílio dos amigos.

– Silêncio, classe! O Tiago está de volta. Vocês não estão a fim de saber como termina a história dele com o Churros? Eu, pelo menos, estou muito! – solicitou o professor Carlos.

Retomei então minha fala de onde havia parado.

– Naquela noite, pesquisamos clínicas de fisioterapia animal da região. Anotamos o telefone da única que encontramos. Churros chegaria a nossa casa no dia seguinte, então precisávamos daquela informação "para ontem". Eu, sinceramente, não sabia como arcar com mais esse gasto.

Clara me interrompeu:

– Mas você não tinha feito um planejamento levando em consideração imprevistos?

– Sim, Clara, mas não se tratava disso. Todo mês eu teria esse gasto com o Churros. Quando ligamos para a clínica e eles nos disseram o valor, percebi que a fisioterapia custaria mais dinheiro que todos os outros gastos, virando o principal gasto mensal.

– E como você saiu dessa encruzilhada, Titi? – quis saber Clara.

– Foi aí que encontrei uma notícia bastante recente: dizia que a partir do mês seguinte o hospital veterinário universitário passaria a atender de graça pacientes como o Churros. Para nossa sorte, ao enviarmos uma mensagem, eles nos responderam na mesma hora e já agendaram a primeira sessão do Churros.

Capítulo 10
A aventura está apenas começando

11 de maio

O tão esperado dia da chegada do Churros à nossa casa começou agitado. Eu mal tinha conseguido dormir, já que estava, é claro, ansioso. Bastante coisa precisava dar certo para que, à tarde, ele já estivesse aqui em casa muito confortável, sentindo-se à vontade e em família.

O primeiro item da lista, a instalação das redes de proteção nas janelas, foi cumprido à risca: a equipe contratada pela mamãe iniciou o trabalho pontualmente às 8h. A essa altura, eu estava pronto para ir com a minha mãe, o Nico e a Lelê às compras, já que meu pai se ofereceu para acompanhar a instalação.

– Você tem a relação de tudo o que temos de comprar, Titi?

– Sim, mãe. Já está pronta há bastante tempo.

A verdade é que meus irmãos e eu já tínhamos lotado o pote em cima da geladeira há um tempão. Mas, como nosso projeto-sonho não aconteceu como esperávamos, mamãe achou melhor não comprar as coisas para o pet antes da hora. As frustrantes tentativas anteriores de adoção pelo menos me deixaram preparado para esse grande dia, pois já tinha noção de valores e das melhores lojas (aquelas com os descontos mais irados).

A lista era a seguinte:

- UM COBERTOR PEQUENO
- UM POTE DE RAÇÃO
- UM POTE DE ÁGUA
- TAPETES HIGIÊNICOS
- UM PACOTE DE RAÇÃO
- UM DOSADOR DE RAÇÃO

Compramos parte dos itens em uma loja e o restante, na outra, pois queríamos os melhores valores. Ao efetuarmos o pagamento em dinheiro e à vista, ganhamos um desconto na compra final da primeira loja. Com esse valor, pegamos alguns petiscos que não estavam na lista de compras.

Já na segunda loja, mamãe se lembrou da fisioterapia do Churros.

– Titi, o Churros só será atendido na clínica gratuita no mês que vem. Essas primeiras sessões deverão ser pagas na clínica particular. Vamos ter de abrir mão de alguma coisa, meu filho. O que poderia ser?

Logo me veio à cabeça a caminha. E a Lelê mencionou:

– Temos algumas almofadas velhas em casa.

Eu, quase imediatamente, disse às duas:

– Já sei: e se fizermos uma caminha para ele?

Elas aprovaram a ideia e se prontificaram a me ajudar a criar uma caminha a partir das almofadas.

Eu estava tão entusiasmado com a vinda do Churros para nossa casa que me esqueci completamente de recalcular os gastos que seriam pagos com a primeira caixinha para o projeto-sonho, a do dinheiro no pote em cima da geladeira.

Felizmente, conseguimos substituir o gasto da caminha e o de um dos cobertores e trocamos também os potes de ração e água por modelos mais em conta, para pagar a fisioterapia do primeiro mês. Mesmo com todas essas trocas, ainda conseguimos bônus na segunda loja que, quando acumulados, poderiam ser trocados por itens para o cachorro.

Após sairmos da loja, combinamos que deixaríamos as compras em casa, para que meu pai limpasse e organizasse tudo enquanto iríamos ao abrigo para buscar o Churros.

Lelê e Nico, admirados pela minha convicção para realizar esse projeto-sonho, acharam melhor ficar em casa e me deixar buscar "sozinho" o cachorro.

Assim que chegamos ao abrigo, o Churros já estava prontinho me esperando. Os voluntários de lá fazem uma espécie de festinha de despedida. Eles enfeitaram o espaço com balões e uma faixa enorme que dizia: "A aventura está apenas começando". Eles ainda deixaram soltos no pátio alguns outros animais, parecendo mesmo uma grande festa de despedida.

Carolina, uma das voluntárias da ONG, aproximou-se de mim segurando o Churros no colo. Eu tinha levado para ele um dos brinquedos doados pelo Bira e, assim que ele foi colocado no chão, já começamos a brincar com uma bolinha.

Mamãe foi resolver questões burocráticas, enquanto Churros e eu ficávamos ali, um olhando para o outro.

Recebi minha primeira lambida segundos depois e, naquele momento, sabia que tinha feito a escolha certa. Aproveitei ao máximo a companhia dos outros animais. Afinal, não é todo dia que posso brincar com gatinhos e cachorrinhos (aos montes) de uma só vez.

Quando, finalmente, estava na hora de ir embora, mamãe, Churros e eu caminhamos em direção à porta da ONG, e Carolina me perguntou:

– Ei, garoto, viu a faixa na parede?

– Ah, sim, Carol. Achei engraçada.

– Engraçada? Por quê? – ela me perguntou.

– Engraçada porque não sabia que cachorros sabiam ler – respondi, rindo muito.

– Mas quem disse que é para o Churros? – retrucou, rindo alto também.

Carolina estava certa! A aventura não era do pet, mas minha.

Assim que chegamos a nossa casa, Nico e Lelê correram para fazer carinho no Churros. Meu pai mostrou a eficácia das telas de proteção, testando o produto do jeito "papai de fazer as coisas", ou seja, sacudindo-as muito e dizendo coisas engraçadas e bobas. O nosso pet farejou e andou por todos os cantos, inspecionando o novo lar. Em nenhum momento, ele parecia assustado ou intimidado por tantas mãos e vozes ao redor dele.

Naquela noite, ficamos acordados até bem tarde. O Churros já tinha caído de sono na poltrona da sala de TV, e não parávamos de olhar para ele. Nem mesmo papai parecia querer ir embora. E foi assim, com a máxima perfeição, que a minha aventura estava apenas começando.

Capítulo 11
Banho de água fria

10 de dezembro

Quando contei da fisioterapia para a turma, mencionei muito rapidamente a hidroterapia que ele estava fazendo em casa.

– Tiago, mas já fui a sua casa e lá não tem piscina – quis saber uma das gêmeas, Aline.

Realmente eu tinha pulado essa parte da história... E respondi:

–Ainda bem que diversifiquei os investimentos – meu avô Amadeu que me ensinou essa expressão – O CDB serviu justamente para isso. Ao fim do prazo de seis meses para poder resgatar o dinheiro, usamos uma parte da terceira caixinha para comprar uma piscininha.

– Titi, me explica de novo esse lance das caixinhas porque eu não tô entendendo nada – disse Rodrigo.

Contei para a turma que minha mãe havia me ensinado um jeito de guardar dinheiro para realizar qualquer tipo de sonho – neste caso, o projeto-sonho chamado Churros. Estabeleci três caixinhas, uma pequena, uma média e uma grande, e decidi colocar, da menor para a maior, quantias diferentes de dinheiro e sempre crescentes.

A primeira caixinha, o pote em cima da geladeira, foi para adquirir itens iniciais logo após a adoção, como ração, tapetes higiênicos, a primeira consulta do Churros etc. E também, como precisamos pagar algumas sessões de fisioterapia (o que não estava nos planos), substituímos itens da lista inicial de compras, optando por produtos mais em conta ou mesmo reaproveitando objetos antigos, como no caso das almofadas para serem a caminha dele.

Na segunda caixinha, a poupança, colocamos o dinheiro destinado aos itens que seriam comprados mais tarde, como vacinas, tosas e um grande pacote de comida. Nesse caso, ainda, vovô Amadeu fez um aporte financeiro para ajudar a pagar as telas de proteção, que não estavam nos nossos planos, mas, mesmo assim, boa parte do valor veio do meu esforço, junto ao de meus irmãos, para poupar dinheiro. Na terceira caixinha, o CDB, colocamos o valor para a castração.

Além disso, cada uma das caixinhas tem um tempo diferente de retirada: a primeira, após um mês; a segunda, após três meses; a terceira, após seis meses; no caso dos investimentos, eles ainda cresciam a cada dia, porque os juros compostos estavam trabalhando a nosso favor.

– Mesmo assim – retomei com a turma – comecei a notar algo muito estranho após alguns meses com o Churros em casa. "Do nada", não conseguia mais fazer a compra básica – mesmo sempre buscando os menores valores e as melhores condições.

Percebi que praticamente ninguém da sala entendeu por que as contas não fechavam mais, mas o pessoal não quis se manifestar... Preferi dar sequência à explicação.

– Sabem o que estava acontecendo? A culpa era da inflação. O valor do pacote grande de ração tinha subido de tal forma que já não sobrava mais dinheiro para o banho do Churros – prossegui.

– Mas como é possível, Titi? Dá para notar que o Churros está limpinho e cheirozinho. Parece que ele tomou banho ontem mesmo – observou Clara.

– Clara, sim, sim. Ele tomou banho ontem. Mas fui eu que o dei logo depois que voltei para casa – já o preparando para vir para cá. Não coloquei xampu canino na primeira lista de compras porque achava que daria para levá-lo sempre ao pet-shop, mas a inflação consumiu uma parte da quantia mensal reservada ao Churros – contei.

– Mas os juros compostos não compensam essa perda? – ressurgiu Rodrigo, ainda com dúvidas.

– Pois é, eu também achava, Rodrigo, só que percebi que às vezes a inflação é maior que os ganhos dos investimentos. Não necessariamente uma coisa acompanha a outra – expliquei.

– Ah! Foi por isso que você teve de abrir mão dos banhos do pet-shop, então? – disse Rodrigo.

– Foi por isso mesmo. Comprei um xampu que rende dezenas de banhos, e o outro único gasto é o de água, mas já aprendemos aqui na escola a usá-la com responsabilidade – relatei.

Lia levantou a mão querendo fazer uma pergunta, mas, por causa das suas últimas interações, sempre que ela se manifestava, a turma toda ficava agitada.

– Diga, Lia... – por fim, o professor Carlos cedeu a palavra à aluna.

– Titi, você não poderia usar a terceira caixinha para repor o dinheiro que estava faltando para os banhos, já que o valor do pacote de ração aumentou?

– Excelente pergunta – retrucou o professor, que também parecia bastante interessado no assunto.

– Titi...? – questionou o professor Carlos.

Confesso que, assim que a Lia começou a falar, o celular vibrou no bolso da minha calça. Sabendo que poderia ser a Lelê ou o Nico para uma chamada de vídeo, eu comecei a olhá-lo e acabei não ouvindo nada do que minha colega disse.

Isso porque eu ainda tinha muita coisa para falar do projeto-sonho e, é claro, tinha um *grand finale*, que dependeria dos meus irmãos. Por fim, não era uma chamada de vídeo; li rapidamente a mensagem e, para ganhar tempo e pensar em uma resposta (ou melhor, ouvi-la), pedi para a Lia repetir a pergunta.

– Titi, *hello*, a terceira caixinha para cobrir o buraco da inflação? – ela perguntou.

– Depende – respondi, enquanto pedia ao professor para carregar o meu aparelho de celular, que estava com apenas 3% de bateria.

Capítulo 12
Churros, não!

28 e 29 de agosto

Apesar de os gastos cada vez mais altos com os itens do Churros, minha família e eu tivemos algumas boas ideias. Mesmo eu sendo contra, pelo menos no início, usamos parte do dinheiro da terceira caixinha, o CDB, para aportar os valores que a inflação estava "pegando" das nossas economias nas outras duas caixinhas.

Essa decisão foi tomada coletivamente e todos entenderam que, mesmo não sendo o ideal, parte da terceira caixinha serviria para comprar ração, equilibrando novamente os gastos com o Churros, e, a partir dali, depositaríamos os valores atualizados e corrigidos nas demais caixinhas.

- Ah, sim, galera, as caixinhas, depois de abertas, devem ser repostas novamente, porque os gastos continuam.

É um processo constante.

Até mesmo o papai entrou na dinâmica da caça aos descontos na internet, porque ele também sentiu os valores aumentarem com as coisas do Bira. Lelê criou alertas de procura por rações, petiscos e tapetes higiênicos nas lojas on-line e, sempre que recebia uma oferta ou tinha acesso aos cupons de descontos, compartilhava as informações no grupo da família.

Mas o que não lhe contam sobre adotar um animal é que, mesmo fazendo listas, pesquisando valores, criando caixinhas para os gastos – até mesmo para os imprevistos –, tem coisas que um pet faz que ninguém poderia prever.

Foi no fim do mês de julho, quando já estava para abrir novamente a primeira caixinha – aquele pote que ficava em cima da geladeira –, que algo aconteceu. Jogado no chão, perto da cômoda do quarto da minha mãe, estava o porta-joias dela completamente destruído.

– Churros, não!

Ao me aproximar, o Churros ainda mastigava alguma coisa. Quando tentei pegar da boca dele, o danado engoliu. Para consertar o estrago, peguei o porta-joias, alguns anéis e colares que estavam espalhados pelo chão e, em vão, tentei colar as partes quebradas.

Quando mamãe entrou no quarto, o desastre já estava feito...

– Churros feio! – ela esbravejou, enquanto aquela bolinha de pelos rolava pelo chão emitindo um som de choro.

– Me desculpe, mamãe! – disse.

Não era uma relíquia da família nem nada, mas eu sabia que aquele tinha sido o primeiro presente que o papai havia dado para ela. Mesmo após tantos anos, até depois do divórcio, minha mãe o guardava de recordação.

Como o porta-joias estava em pedaços e o Churros mastigou alguma coisa, achamos melhor levá-lo ao veterinário para fazer um ultrassom.

E, de novo, um gasto não previsto se acumulou. Ainda bem que ainda tínhamos o dinheiro da terceira caixinha.

Para a nossa sorte – e a do Churros também – qualquer que tenha sido a parte comida por ele passou direto pelo intestino sem nenhuma obstrução. Quando voltei para casa, contei por mensagem ao papai o que tinha acontecido. Naquela noite, a minha mãe foi dormir sem jantar; ela disse que estava sem fome, mas, para mim, parecia realmente chateada com o ocorrido.

Na tarde seguinte, levei o Churros para a sessão de fisioterapia na clínica gratuita. Ele estava indo bem, cada vez mais fortalecido e confiante. Os voluntários da ONG contaram, no dia em que o conheci no abrigo, que a fisioterapia só melhoraria a qualidade de vida dele, mas que o Churros nunca ficaria curado. Mesmo com uma marcha um pouco mais lenta e um crescimento irregular, que o faz parecer um filhote grande, ele se adaptou demais à rotina: exercícios na clínica gratuita às terças-feiras e aos sábados, além de algumas atividades na piscininha de plástico em casa.

Na saída da clínica, enquanto aguardava meu pai buscar o carro, o Churros foi xeretar em uns arbustos ali perto. Ele abanava o rabo, e latia, e corria até mim, como se tentasse dizer alguma coisa. E depois voltava para dentro dos arbustos.

Quando meu pai, finalmente, chegou, assoviei chamando o Churros, mas nada de ele voltar.

– Churros... vem cá, garoto!

– Tiago, vá lá ver o que o seu cachorro está aprontando.

– Churros... – disse, enquanto entrava nos arbustos.

Quando cheguei lá, o Churros estava deitadinho e, ao lado dele, em uma caixa de papelão, uma ninhada de filhotes de gatinhos recém-abandonados (havia um potinho com ração pastosa e outro com água ainda bem cheios; logo, os monstros que fizeram isso devem ter deixado os pequenos lá fazia pouco tempo).

– Paiiiiii... Oh, pai, vem ver isso aqui.

Assim que meu pai passou pelos arbustos e se livrou dos que grudaram no cabelo dele, eu já estava com a caixa dos filhotes nas mãos ordenando que fizéssemos uma parada no abrigo onde o Churros foi resgatado.

– Mas será, Tiago, que eles vão aceitar tantos de uma vez?

– Mas é claroooo! Eles não vão deixar essa fofurinhas passando frio e fome. Já pensou se chover?!? – respondi, com apenas 50% de certeza.

Capítulo 13
Instagramável

02 de setembro

Assim que chegamos ao abrigo, fomos logo atendidos por um dos voluntários.

– O que houve, Tiago? – um deles me perguntou.

– Achamos esses filhotes na rua, mas com comida e água. Como alguém tem coragem de abandonar seis gatinhos desse jeito? – questionei, meio sem querer saber a resposta.

Outros voluntários se aproximaram e começaram a examinar os felinos. Meu pai e eu – e o Churros também – estávamos impacientes, aguardando a avaliação dos voluntários. Até que, enfim, um deles falou:

– Eles parecem bem, mas, de qualquer maneira, temos que ficar de olho, aguardar o veterinário e, quando estiverem prontos, colocá-los para a adoção.

– E quanto tempo isso leva? – perguntei.

– Depende de como cada um vai se desenvolver. Mas eles precisam estar saudáveis e bem nutridos – o voluntário me respondeu.

Após alguns dias, voltamos ao abrigo para saber como eles estavam. Para nossa alegria, todos estavam bem e foram aceitos por outra gatinha, que tinha parido recentemente, e ajudou a alimentar seis "novos filhotes". Mesmo com essa força-tarefa, o abrigo informou que estava superlotado e que precisariam de ajuda financeira para a compra de rações pastosas e, em outro momento, que se poderia pensar até em abrigos temporários enquanto eles não fossem adotados ou até abrirem novas vagas.

Como já havia criado um bom relacionamento com os outros dois abrigos de Guatinga, entrei em contato para perguntar se havia vaga para os filhotes de gatinhos. Para minha baita tristeza, eles estavam abarrotados também e, pior, com uma escassez de suprimentos básicos, como rações e pedrinhas/areias para as necessidades dos felinos.

Neste momento, eu já tinha dados suficientes sobre os gastos, os pet-shops parceiros, fotos dos animais e depoimentos dos voluntários, então decidi criar uma página nas redes sociais, divulgando o contato dos três abrigos para animais e pedindo que os seguidores criassem uma grande rede de apoio (tanto para a doação de itens básicos quanto para a adoção).

DOAÇÃO ADOÇÃO

Engraçado como uma simples letrinha fora do lugar pode mudar a vida (de uma pessoa, como foi a minha com a chegada do Churros, mas também a de um animal, que não precisa passar a vida em um abrigo, sem amor e carinho). Em poucas horas, a página já era um sucesso, e as doações começaram a chegar aos abrigos. Mas nenhuma procura para adotar os animais.

– Por que ninguém quer adotar aqueles gatinhos? – esbravejei, sentado no sofá.

– Deixa eu ver esse seu perfil dos animais – ordenou Lelê.

Após alguns segundos analisando os *posts* e soltando alguns murmúrios que me irritavam profundamente, ela finalmente disse:

– Seu perfil é comum. Filhotinhos são fofos, mas você está competindo com milhares de outras fofuras na internet. Você precisa tornar o seu perfil instagramável – concluiu.

– Instaa... o quê, Lelê?

– As imagens precisam de filtros, de cenários mais lúdicos – se possível, até mesmo fantasiar os animais... essas coisas, Titi – ela respondeu.

– Me ajuda... Diz que sim, diz que sim! – implorei para Lelê.

Em poucas horas, Lelê, Nico e eu montamos alguns cenários na sala de casa. O abrigo topou "emprestar" um dos filhotinhos de gatinho para as fotos; eles também enviaram alguns adereços que tinham lá para a festa de despedida quando algum animal era adotado.

O gatinho-modelo era todo preto, com um olhão amarelo e um jeitão bastante brincalhão. Parecia até que ele sabia que estava ajudando a salvar todos os irmãozinhos dele porque as fotos ficaram maravilhosas... Na verdade, as fotos ficaram instagramáveis (como dizia a Lelê).

Enquanto Lelê dirigia toda a cena, encontrando os ângulos mais divertidos e que, de acordo com ela, fariam o maior sucesso, Nico usava um aplicativo no celular para colocar alguns filtros e eu ia postando as novas imagens no perfil. Até a mamãe entrou na brincadeira e ajudou minha irmã na decoração dos cenários.

A iniciativa foi um sucesso e rapidamente os *posts* viralizaram. E, para a nossa alegria, começamos a receber algumas mensagens querendo saber mais sobre as adoções. Como a sessão de fotos foi até bem tarde, o abrigo já estava fechado e o gatinho precisou dormir em casa.

E aquela bolinha de pelos escolheu dormir com a minha mãe.

Capítulo 14
Adotar é animal

10 de dezembro

– Titi, o que aconteceu com os gatinhos? – indagou Alice.

Contei para a turma que o perfil nas redes sociais estava "bombando" e convidei todos a seguirem a minha página: ADOTAR É ANIMAL. A iniciativa viralizou tanto que os três abrigos passaram a compartilhar informações e a realizar ações em conjunto, buscando sempre a adoção.

– Alice, o que eu concluí com o meu projeto-sonho era que, apesar do excelente trabalho que as ONGs faziam resgatando, cuidando e protegendo esses animais, elas tinham poucas ações pensando na adoção deles. Alguns bichinhos, principalmente os mais velhinhos ou os com a saúde mais fragilizada, como era o caso do Churros, chegavam a passar a vida inteira deles em abrigos – contei.

– Por isso, todo mês, Lelê, Nico e eu voltamos aos abrigos para visitar os bichinhos e também para pensar em novas fotos. Neste mês, por exemplo, estamos fotografando e produzindo uma sessão só com os cachorros com mais de dez anos. A ideia é mostrar que um cão idoso merece viver seus últimos meses ou anos de vida de maneira digna e confortável – pontuei.

Escutei meu celular vibrar, só que desta vez insistentemente. Logo, sabia que era a chamada de vídeo que eu estava aguardando. Sacudi os braços ligeiramente, tentando chamar atenção do Rodrigo, mas ele estava completamente desligado.

Quando, finalmente, Rodrigo olhou para frente, fiz o nosso gesto com a mão, dando o meu sinal para ele.

– E o que aconteceu com o gatinho preto das fotos, Titi? – Rodrigo perguntou e já iniciou uma baita gargalhada.

Tinha pensado em um *grand finale* e, para isso, contava com o apoio do meu colega. Dei uma piscadinha para ele e respondi para a classe toda:

– O gatinho... Bem, quero apresentar para vocês o Azeitona, o mais recente membro da família – respondi, enquanto ligava o projetor da sala de aula que espelhava a minha ligação de vídeo do celular.

Na tela, estavam Lelê, Nico, minha mãe e o Azeitona.

Depois daquela noite, todos em casa já estavam encantados com o gatinho e, em nenhum momento, pensamos em devolvê-lo. Além do mais, ele ajudou a "bombar" o perfil nas redes, o que fez outros pets serem adotados também.

– E como foi a adaptação do Churros com o Azeitona? – quis saber o professor Carlos.

– Mãe, Lelê, Nico... querem responder essa para a turma? – falei, enquanto olhava para a tela do celular.

– Sim, sim! – respondeu Nico – Olha, gente, foi tranquila. Respeitamos o tempo deles, deixando que se conhecessem aos poucos.

Mamãe tomou a palavra e disse que nem sempre tudo funcionou às "mil maravilhas":

– Às vezes, nem a Letícia, o Domênico e o Tiago se entendem, imagine um gato e um cachorro – ponderou ela.

– MÃEEEEEEE! – dissemos os três ao mesmo tempo, mortos de vergonha.

A turma caiu na gargalhada.

– Alguém tem mais alguma pergunta sobre o projeto-sonho do Titi? – questionou o professor Carlos, tentando restabelecer a ordem na sala de aula.

– Eu! – respondeu Lia.

– Diga...

– Titi, como ficaram aquelas suas caixinhas para guardar o dinheiro para os gastos com o pet após a chegada de um novo membro da família que, inevitavelmente, não consome a mesma ração que o Churros nem usa tapete higiênico etc.? – Lia perguntou.

Olhei para a câmera do celular e sorri.

– Lelê, você pode mostrar como ficou em cima da nossa geladeira? – disse para minha irmã.

Ela caminhou até à cozinha, apontou o celular para o topo da geladeira. Lá estava um pote de vidro ainda maior que o anterior, quando só havia gastos com o Churros. Nele estava escrito: "CHURROS/AZEITONA" em letras garrafais. E, mais embaixo, em uma letrinha miudinha: "nossos corações fora do corpo".

Fim

Era uma vez o Bigode, era não, ele é O Bigode. O gato mais carinhoso e carente. Ele foi encontrado na rua, muito doente e cego. Ele tem uma doença contagiosa de gatos, e não pode desfrutar do convívio com os demais animais.

Além do Bigode, temos mais 8 gatos em casa, e acredite você ou não, quase 40 no sítio. E não para por ai, são 5 cachorros, 10 coelhos, 50 galinhas, muitas codornas, 1 casal de patos, 50 pombas leques, 20 passarinhos, 30 carpas e até mesmo um jabuti. Um verdadeiro zoológico. E o mais legal, quando vamos para o sítio, nos sentimos hóspedes, e eles os proprietários. É uma verdadeira festa.

É muito bom proporcionar e cuidar de todos com amor e muita qualidade! Este é um dos frutos da sustentabilidade financeira. Espero que esta obra *Meu pet cabe no meu bolso* possa lhe inspirar, assim como seus familiares, a também praticarem essa generosidade do acolhimento.

Meu nome é Reinaldo Domingos, sou autor e tenho como missão levar a Educação do Comportamento Financeiro para todos.

Anos atrás nós tínhamos três labradores e um vira-lata no sítio. Era uma família. Na verdade, outra família. São família por conta do afeto, do companheirismo, da fidelidade e do amor que não economizam em dar.

Mas labradores comem muito e, por viverem dentro da água mesmo que a temperatura esteja batendo nos 5 graus, têm que viver no veterinário para cuidar de gripes ou pneumonias.

Portanto, junto com as brincadeiras, abraços e carinho, o lápis precisa sempre estar fazendo contas para que não dê ruim no fim do mês.

Hoje temos somente a Kika, a cadelinha mais esperta e querida do mundo, adotada depois de ser abandonada por vizinhos.

Não tem quem não se encante com ela e somos muito gratos de tê-la conosco durante todos esses anos.

Viva a adoção!

Meu nome é Orlando Pedroso, sou ilustrador desde 1979 e já desenhei muito cachorro nesta vida.

A EDITORA DSOP APOIA E COLABORA COM ONGs DE PROTEÇÃO ANIMAL